X x

Die kleine Hexe

Die
kleine Hexe
ist gemein.
Sie hext
die Wörter
extra klein.

Du brauchst eine Lupe.
Dann weißt du, was hier steht
und kannst es aufschreiben.

Hexe Xeni und Zauberer Felix

C c

Wer bin ich?

Carola trinkt Cola.
Conny schreibt
am Computer.
Carlos liest Comics.
Cathrin liest auch Comics.

Mini - Comics

St st

Ein Strichmännchen

Sein Name steht in den grauen Kästchen!

 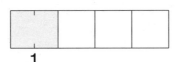
1

 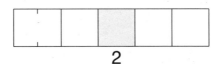
2

3

4

 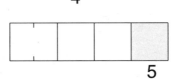
5

Das Strichmännchen heißt:

Stefan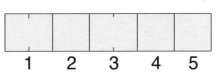

Punkt, Punkt, Komma, Strich, fertig ist das Mondgesicht.

Haare kommen auch noch dran und Ohren, damit er hören kann.

 Probiere selbst!

V v

Viktor, der Vampir,
ist vier und spielt gern Klavier.

___eilchen   ___illa   ___ulkan

   ___ollmond   ___ater

___ogel

         ___ideo   ___ampir

V klingt wie bei Vampir: V klingt wie bei Vogel:

1. _____   1. _____

2. _____   2. _____

3. _____   3. _____

4. _____   4. _____

Vampir Viktor bereitet sich gerade ein leckeres Essen zu.

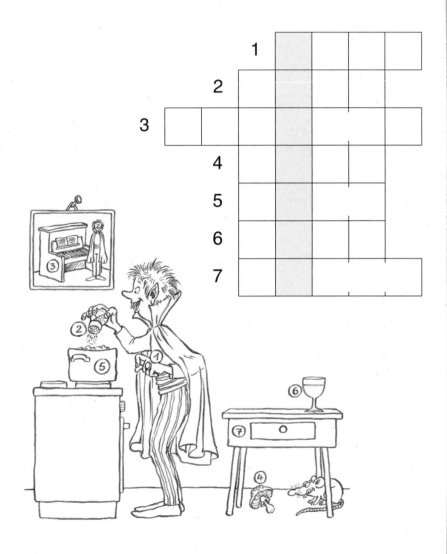

Ring   Pilz   Salz   Klavier
Topf   Glas   Tisch

Qu qu

quietschvergnügt

Auch ____ietschvergnügte ____allen

____aken und ____ieken nie.

Sie spielen nie ____artett -

aber sie machen viel ____atsch!

Quatsch im Aquarium

Male, was dir gefällt!

Die 🐚 hat eine Sonnenbrille.

Der 🐸 qualmt eine Pfeife.

Die 🐟 spielen Quartett.

Der 🤿 isst Quark.

Y y

??? Was bin ich ???

Dynamo

Zylinder

Pyramide

Ich bin ein hoher Hut. Männer trugen mich früher bei Festen. Heute sieht man mich im Zirkus.

Mich gibt es am Fahrrad. Ich drehe mich am Reifen. Dann leuchtet das Licht.

Ich bin ein großes Bauwerk. Du findest mich in Ägypten. Ich wurde früher als Grab für Könige gebaut.

Sp sp

Der Spiegel-Brief

Hole dir einen Spiegel!
Stell ihn auf die rote Linie!
Schreib auf, was du liest!

Alle!
Heute nacht ist
ein Fest in der
Küche.

Male, wer zum Fest kommt:
3 Spinnen,
2 Mäuse,
5 Gespenster.
Für alle gibt es Spagetti.

Äu äu

Male

In den Bäumen sitzen drei Vögel.

Zwei Kinder liegen im Bett und träumen.

Auf den Häusern sitzen vier Katzen.

Fünf Mäuse spielen vor der Tür.

Pf pf

Wo ist ein Tuch
mit bunten
Tupfen
denn mein
Elefant hat

_____?

Pfützen   Apfelkuchen

Meine
Regenwürmer
tragen Mützen,
wenn sie
toben in den

_____?

Wenn meine Bienen mich besuchen, wollen sie nur

_____?

(Schnupfen)   (Honigtopf)

Zwei Beulen hat mein Bär am Kopf. War er heute Nacht am

_____?

D__ser   Pap__rfl__ger

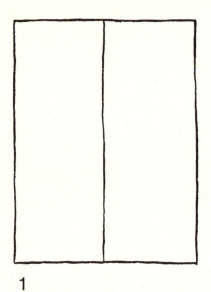
1

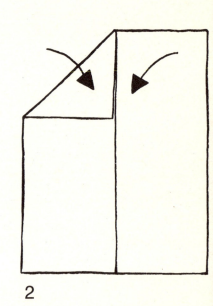
2

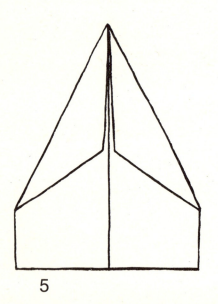
5

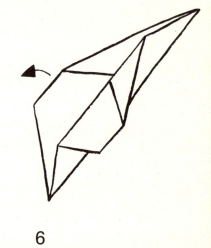
6

fl___gt t___risch gut!

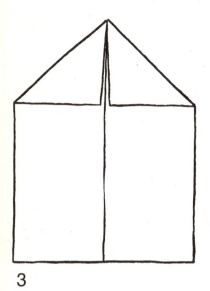

3

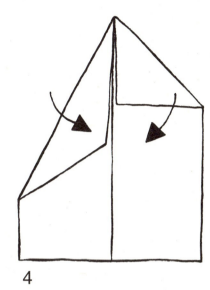

4

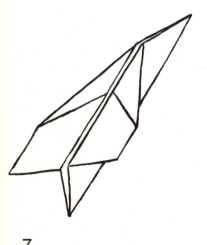

7

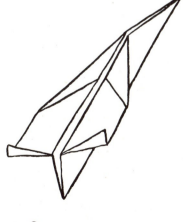

8

ß

heiß - groß - weiß - süß

Es ist

nicht sauer,

sondern _____ ,

fast schwarz

und oben _____

ist nicht kalt,

sondern _____ ,

nicht klein,

sondern _____ .

Was trinkt Lena bloß?

Eine große Schokolade mit viel Sahne.

Dazu isst Lena Pudding,

mit viel, viel Soße -

Schokoladensoße.

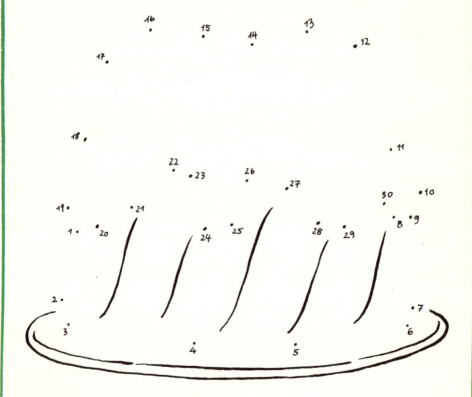

Danach ist Lena schlecht!